Eines Tages waren fremde Männer im Garten, sie steckten rotweiße Stangen in den Boden. Einer schaute durch ein Fernglas, das auf drei Beinen stand. Die Männer hatten schon viele Haselbüsche und sogar den wilden Kirschbaum umgehauen. Florian lief schnell in seine Hütte. Doch war alles noch da.

Nach dem Mittagessen waren die Männer fort. Florian wartete, doch sie kamen nicht wieder. Und als sie auch am nächsten, am übernächsten und überübernächsten Tag nicht zurückkehrten, vergaß er sie.

Aber eines Morgens wurde Florian durch einen ungeheuren Lärm geweckt. Ein Motor dröhnte so laut, daß Großmutters Haus zitterte. „Jetzt wird im alten Garten ein Haus gebaut", sagte die Großmutter. Florian konnte vor Aufregung nichts essen. Er rannte fort, sobald er nur Kleider und Schuhe anhatte.
„Paß auf", rief die Großmutter, „geh nicht so nah heran, es ist gefährlich!" Doch Florian war schon um die Hecke herum. Vor Schreck und Staunen blieb er mit offenem Mund stehen: der alte Garten war fort, verschwunden, weg.

Ravensburger Spiel- und Spaßbücher

B

Bilderbücher

Erzählt von Urs Markus

Im alten Garten wird gebaut

Mit Bildern von
Marie-Luise Pricken
und Stefan Lemke

Auf einem Bauplatz ist immer etwas los!
Florian erlebt mit, wie ein Haus entsteht:
vom ersten Bagger bis zum letzten Pinselstrich.

® OTTO MAIER VERLAG RAVENSBURG

Jeden Tag durfte Florian im alten Garten spielen. Hier wuchsen die Bäume, wie sie wollten, und niemand mähte das Gras. Hinter dem Holunderbusch, an der Mauer, hatte Florian seine Hütte gebaut. Zuerst hatte es hineingeregnet, denn das Dach war nur aus Zweigen. Dann regnete es nicht mehr hinein, weil Florian ein Stück Dachpappe gefunden und obendrauf genagelt hat. Jetzt durfte er sogar im Garten bleiben, wenn es zu regnen anfing.

Ein riesiger Bagger, lauter Lastwagen und sonst nichts als Dreck. Nur die großen Bäume standen noch da. Und der Holunderbusch, und die Mauer, und die Hütte? Ach, eben packte der Bagger das letzte Stück von der Mauer und schüttete die Steine krachend auf einen Lastwagen.

Florian wollte hinüber, dorthin, wo die Hütte gestanden hatte, wo jetzt nur noch ein Loch im Boden zu sehen war. Da packte ein Mann ihn am Arm. „Wir können dich hier nicht brauchen, hau ab, das ist gefährlich. Im Nu bist du unterm Lastwagen." „Ich muß doch nach meiner Hütte sehen!" stammelte Florian und fing an zu weinen.
Er weinte noch immer,
als ein anderer Mann kam und fragte:
„Hast du dir weh getan?"
Florian schüttelte den Kopf.
„Warum weinst du denn?"
Florian gab keine Antwort, sondern fragte: „Wer bist du?"
„Ich bin der Polier."
„Was ist das, ein Polier?"
„Ein Polier, der muß aufpassen, daß die Maurer nichts falsch machen."

Den ganzen Tag fuhr der Bagger hin und her. Er konnte einen Baum mit samt den Wurzeln hochheben und auf den Lastwagen legen.
Bis zum Feierabend hatte er ein viereckiges Loch gegraben.
Als der Polier ging, sagte er:
„Jetzt ist die Baugrube fertig."

ML-181

Als Florian am anderen Morgen auf den Bauplatz kam, war der Bagger schon fort. Doch war eine Mörtelmaschine da, und es kam auch eine Kreissäge. Die Maurer hatten schon angefangen, die Bauhütte aufzuschlagen. Sie war bis auf das Dach fertig, als der Polier sagte: „Frühstück”. Die Maurer setzten sich auf die Bank und aßen und tranken. Florian durfte neben dem Polier sitzen, und die Maurer gaben ihm Brot und Schwarzwurst und Tee.

Immer wieder kam der Lastwagen. Er brachte Bretter und Balken, Eisenstäbe, Zement, Kies und Sand. „Warum bringt er keine Backsteine?" fragte Florian. „Jetzt brauchen wir noch keine Backsteine. Wir müssen erst den Keller fertig haben", sagte der Polier. „Wie macht man den Keller?" „Paß gut auf, dann wirst du es von alleine merken," sagte der Polier. Und Florian paßte gut auf.

Obwohl es manchmal ein bißchen langweilig war, ging Florian doch jeden Tag auf den Bauplatz. Zuerst schlugen die Maurer an allen vier Ecken der Baugrube Pfähle ein und spannten Drähte. „Das ist das Schnurgerüst", sagte der Polier, „das brauchen wir, damit das Haus geradesteht."

Dann nagelten sie Bretter an große Balken. „Das wird aber ein komischer Keller", sagte Florian, „der ist ja aus lauter Brettern." Die Maurer lachten, und der Polier sagte: „Du merkst aber auch alles!" Doch dann erklärte er ihm, daß man die Bretter brauche, um Beton dazwischen zu gießen.

Florian wußte nicht, was Beton ist. Der Polier sagte nur: „Eins nach dem anderen. Erst müssen wir die Bretterschalung fertig haben. Dort drüben liegt meine Wasserwaage, hol sie mal her."

Florian rannte, brachte dem Polier die Wasserwaage
und fragte: „Warum willst du das Wasser wiegen?”
Der Polier lachte, daß ihm der Bauch wackelte. „Warum
lachst du, hab ich was Dummes gesagt?” fragte Florian.

„Nein, du hast ganz klug gefragt, da das Ding doch Wasserwaage heißt. Aber damit wiegt man nicht Wasser, sondern prüft, ob etwas senkrecht steht oder waagrecht liegt." Der Polier zeigte ihm die beiden Glasröhrchen im Holz. „Die sind voll Wasser, aber nicht ganz. Eine kleine Luftblase läuft hin und her, wenn man das Holz bewegt – da, schau! Wenn die Blase genau zwischen diesen beiden Strichen stehenbleibt, liegt das Holz waagrecht. Oder so, dann steht es genau senkrecht. Hast du's verstanden?"

„Ein bißchen", sagte Florian, „ein Maurer muß aber viel wissen." – „Nein, du hast es also nicht verstanden", lachte der Polier, „schau her!" Er legte die Wasserwaage an ein Schalbrett und machte mit seinem dicken Bleistift einen Strich von links nach rechts. Dann drehte er die Wasserwaage und machte einen Strich von oben nach unten. „Was siehst du jetzt?" – „Eine Ecke." – „Ganz recht, und die Ecke hat eine waagrechte und eine senkrechte Kante", sagte der Polier, „und bei einem Haus muß immer alles genau senkrecht oder waagrecht sein. Nichts darf schief oder krumm sein, sonst fällt das Haus um."

Es dauerte lange, bis die Schalung fertig war. Florian war froh, daß die Großmutter gerade jetzt in die Stadt fahren mußte und ihn mitnahm. Als sie zurückkamen, war die Schalung fertig. „Da bist du ja wieder", sagte der Polier, „jetzt wollen wir mal sehen, ob du herausfindest, wie man Beton macht." Florian wußte es bald, denn er durfte ziemlich nahe bei der Maschine stehen.

So konnte er genau beobachten, wie die Maurer immer Kies, Zement und Wasser einfüllten. Die Maschine drehte sich rundherum und mischte alles durcheinander, bis es ein grauer Brei war. Der wurde im Schubkarren an die Schalung gefahren und hineingeschüttet.

Florian kannte schon alle Maurer. Herkules war der größte und stärkste. Er konnte zwei Zementsäcke auf einmal tragen. Alfons stand am liebsten an der Maschine. Wenn die andern ihn ärgern wollten, sagten sie: „He, du, Obermaschinist!"

Alfons konnte ganz schnell die Trommel der Maschine ausschütten, aber noch schneller konnte er mit den Fingern Zigaretten drehen. Fridolin war der lustigste. Er war kugelrund und schwitzte immer. Wenn er das Hemd auszog, lachten die andern, weil er so dick war, aber er sagte nur: „Wer hat, der hat.“ Emil, der Handlanger, hätte am liebsten immer nur Bier getrunken. Aber weil er zuwenig Geld hatte, um genug Bier zu kaufen, war er immer knurrig.
Ettore, der Italiener, konnte schön singen. Niemand verstand, was er sang, doch hörten alle gern zu. Sie sagten nicht Ettore zu ihm, sondern Caruso. Darauf war Ettore sehr stolz. Er erzählte Florian, Caruso sei der größte Sänger von Italien. – Der Lehrjunge hieß Ludwig.

Alfons und Caruso konnten sich nicht leiden. Einmal, als der Polier nicht da war, bekamen sie Streit. Caruso redete immer schneller und fuchtelte in der Luft herum. Alfons vergaß sogar das Zigarettendrehen.
Schließlich redeten sie nicht mehr, sondern brüllten.
Als Alfons und Caruso nichts mehr einfiel, wollten sie sich verhauen. Da packte Herkules sie, mit jeder Hand einen,

und sagte: „Schluß!" Zur Strafe mußten sie eine Runde Bier stiften. Auch Florian durfte einen Schluck trinken. Florian wußte nun schon eine ganze Menge vom Hausbau. Er mußte längst nicht mehr fragen, was Beton sei, und er wußte auch, daß das große Papier mit den vielen Strichen der Hausplan war. Darauf war das ganze Haus gezeichnet. Man konnte sehen, wo die Küche hinkam, und das Bad, und das Schlafzimmer. Sogar der Kamin war zu erkennen. Der Mann, der den Plan gezeichnet hatte, war ein Architekt.

Florian wußte nicht, ob er nun Polier oder Architekt werden sollte. Und Lastwagenfahrer wollte er ja auch werden, und Baggerführer. Wie gut, daß er noch lange Zeit hatte sich genau zu überlegen, was er nun wirklich werden wollte.

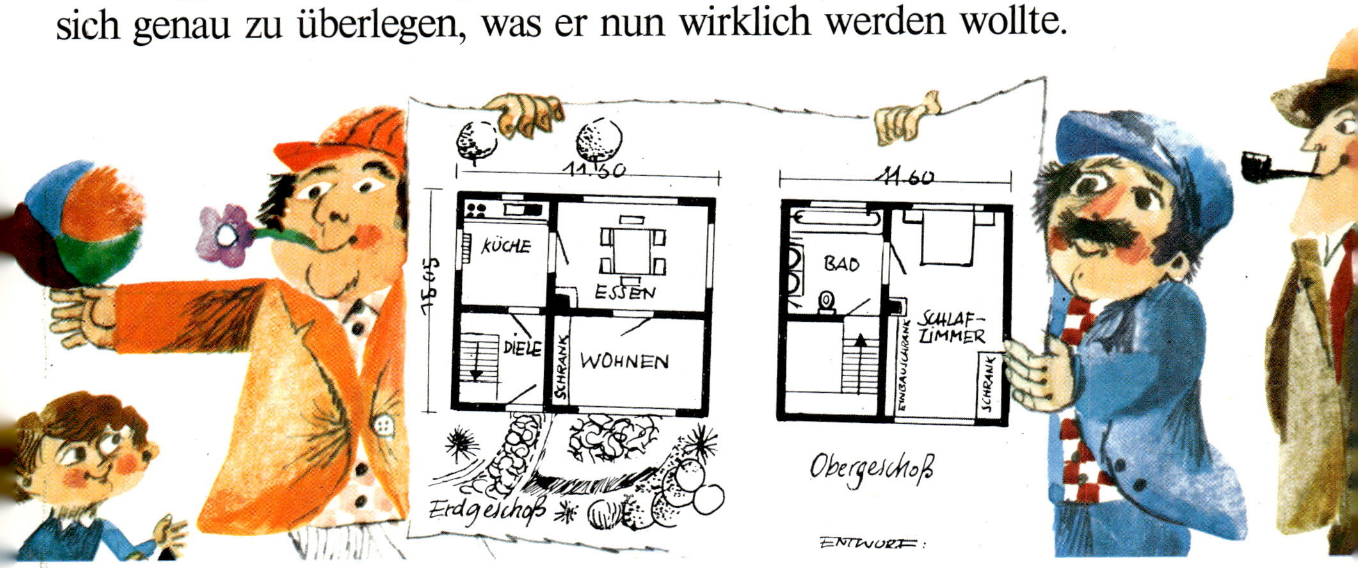

Mittlerweile wuchs das Haus mächtig empor. Die Wände waren jetzt nicht mehr aus Beton wie im Keller, sondern aus Backsteinen. Die Backsteine wurden mit Mörtel gemauert. Wenn Alfons Mörtel anmachte, warf er Zement in die Maschine und Kalk. Der war ganz weiß und biß in Nase und Augen, wenn man nicht aufpaßte.

Einmal schob Ludwig eine Karre voller Backsteine. Und weil gerade ein Mädchen auf dem Fahrrad vorbeifuhr, mußte Ludwig pfeifen, als ob er schon ein richtiger Maurer wäre und konnte nicht aufpassen. Deshalb rutschte ihm die Schubkarre vom Brett, und die Backsteine fielen heraus. Einer flog dem Herkules ans Schienbein. Der hatte überhaupt keine Zeit mehr, den Fuß zu heben, aber Ludwig hatte auch keine Zeit mehr, beide Füße zu heben und davonzulaufen, da klatschte es schon. „Das war eine hundertjährige Ohrfeige", sagte Florian. „Was für eine Ohrfeige?" fragte Herkules. "Kennst du nicht die Geschichte von Dornröschen?" Herkules hatte sie längst vergessen, und Florian mußte sie erzählen.

Florian durfte auch einmal mit dem Lastwagen in die Kiesgrube fahren. Da standen drei Bagger, und auf einem langen Band wurden Steine durcheinandergerüttelt.

Bald waren alle Wände gemauert. Die Zimmerleute kamen, legten Balken auf die Mauern und richteten den Dachstuhl auf.
„Jetzt ist der Rohbau fertig, wir feiern Richtfest", sagte der Polier.
Ludwig stieg mit einem Glas Wein aufs Dach,
sagte ein Gedicht, trank den Wein und warf das leere Glas hinunter, daß es in Scherben zersprang.

Nach dem Richtfest blieben die Maurer fort, und überhaupt wurde es jetzt recht langweilig. Es kamen die Dachdecker, Installateure, Elektriker, Gipser, Schreiner, Bodenleger – aber niemand hatte mehr Zeit für Florian.

Nur die Glaser waren freundliche Leute. Sie hatten ein eigenes Glaserauto mit einem Lattengestell, damit die Scheiben unterwegs nicht kaputtgingen. Als sie die Fenster einsetzten, durfte Florian alle Scheiben vollmalen, damit man sehen konnte, daß in den Rahmen schon Glas war. Und er malte Männchen, Vögel und einen Mann mit Katzenohren.

Eines morgens stand ein neues Auto da, auf dem lag eine Leiter. Als Florian näherkam, entdeckte er viele Eimer und Büchsen. Jetzt ist der Maler gekommen, dachte er. Die Haustür stand offen. Sollte er hineingehen und dem Maler guten Tag sagen? Nein, besser war es, zu warten, bis er herauskam. Zum Glück kam er bald, um die Leiter zu holen. Er trug einen weißen Kittel, rauchte Pfeife und hatte eine Brille auf wie der Lehrer. Florian sagte guten Tag, und der Maler sagte auch guten Tag, und weil er so freundlich war, fragte Florian: „Wie heißt du?”

„Ich heiße Ferdinand." Er fing an, die Fensterrahmen zu streichen. Auf dem Glas waren noch immer die Männer und Vögel, die Florian gemalt hatte. „Ihr habt aber einen lustigen Glaser", sagte Ferdinand nach einer Weile und deutete auf den Mann mit den Katzenohren. „Das hab alles ich gemalt", sagte Florian.
Dann sah er zu, wie Ferdinand rasch den Pinsel auf und ab führte.

Schließlich fragte Florian: „Ist es nett, ein Maler zu sein?" – „Ach, soso, lala", sagte Ferdinand. Florian, nach einer Weile: „Ich mal gern." Ferdinand darauf: „So wie du malst, mal ich auch gerne, aber so wie du kann ich nur am Sonntag malen." „Warum kannst du nicht jeden Tag so malen, wie du willst?" fragte Florian. „Am Werktag muß ich Fenster und Türen anstreichen."

Später, als Ferdinand sich eine Pfeife stopfte, fragte Florian: „Was malst du denn am Sonntag?" „Da male ich Bilder." – „Ich darf auch am Werktag Bilder malen", sagte Florian. „Ja, du hast's gut", meinte Ferdinand, „du bist ein richtiger Werktagsmaler, und ich bin halt nur ein Sonntagsmaler." Florian wollte helfen. „Mit dem Pinsel kannst du noch nicht umgehen", sagte Ferdinand, „aber mit der alten Spachtel kannst du die Mörtelspritzer von den Rahmen kratzen." Florian kratzte, und Ferdinand gab ihm auch noch ein Stück Glaspapier zum Glätten.

Einmal erzählte Florian vom alten Garten. Ferdinand wollte wissen, wo die Hütte gestanden hatte, und Florian zeigte es ihm. „Da war der Holunderbusch, und da waren die Brennesseln, jetzt ist nur noch der Nußbaum da, und darum ist es so hell. Aber vorher kam überhaupt keine Sonne durch die Büsche. Unterm Holunder hab ich den Milchtopf

gefunden. Es war auch ein alter Eisentopf da, aber der Boden hatte ein Loch, darum hab ich ihn liegenlassen. Und das war gut, die Kröte hat nämlich im Eisentopf gewohnt. Ich hab ihr Moos und Blätter reingelegt, und darum hat sie so gern da gewohnt. Sie hat gar keine Angst vor mir

gehabt." Ferdinand wollte wissen, wie die Kröte geheißen hatte. „Ich hab einmal zu ihr gesagt: „Guten Tag, Madame!" und das hat sie verstanden. Darum hab ich dann immer „Madame" zu ihr gesagt." Sie redeten eine Weile von Kröten, Salamandern und Schlangen.

Dann zeigte Florian, wo die Mauer gestanden hatte. Ferdinand wollte wissen, ob sie aus Ziegeln oder aus Steinen war, und aus was für Steinen. „Aus gelben Steinen. Vielleicht finden wir noch ein Stück davon." Sie suchten und fanden wirklich noch einen Brocken. „Es war gelber

Sandstein", sagte Ferdinand. Florian erzählte, wie warm die Steine in der Sonne wurden. „Wenn ich ganz still war, kamen die Eidechsen, erst eine, und dann zwei und einmal sogar drei."

Anderntags brachte Ferdinand einen Zeichenblock und bunte Stifte mit. „Setz dich in die Sonne und mal ein Bild vom alten Garten", sagte er. Und Florian malte den Nußbaum und den Holunderbusch und die Brennesseln; das Krötenhaus und die Kröte, und die Mauer mit der Sonne darauf, und alle drei Eidechsen und eine junge noch dazu; die Hütte mit der Kiste, der Uhr, dem Milchtopf und dem Hirschkäfer; und die Katze, die hinterm Busch lauerte und einen Vogel fangen wollte, aber sie erwischte keinen, denn alle Vögel saßen ganz oben auf den Bäumen.

Ferdinand hatte viel zu streichen, aber eines Tages tat er den letzten Pinselstrich. „Morgen muß ich in ein anderes Haus”, sagte er. Sie waren beide traurig, daß sie sich nun trennen mußten. „Ich komm dich mal besuchen”, sagte Ferdinand. „Bestimmt?” fragte Florian. „Ja.”

Ferdinand also war fort. Der Gärtner kam, er fuhr mit einer Maschine hin und her und machte alles glatt und eben. Er brachte Steinplatten und legte sie auf den Weg. Mit Florian redete er nicht. Zum Glück hatte er einen Gesellen, den konnte man etwas fragen. Aber nur, wenn der Meister fort war. „Warum macht ihr einen neuen Garten?” fragte Florian, „der alte war viel schöner.” „In ein paar Jahren ist der neue Garten auch schön”, sagte der Geselle. „Aber da bin ich groß und kann nicht mehr darin spielen. Und überhaupt ist es dann nicht mehr mein alter Garten, sondern ein ganz anderer Garten.

Kaum waren die Gärtner fort, kam der Möbelwagen. Fremde Leute zogen in das neue Haus. Florian baute sich eine neue Hütte in Großmutters Garten, aber sie war lange nicht so schön und so groß, und von überallher konnte man sie sehen. Darum saß Florian auch fast nie darinnen.

Einmal träumte er vom alten Garten und von seiner großen Hütte hinterm Holunderbusch. Doch als er aufwachte und durchs Fenster schaute, sah er das neue Haus und den neuen Garten hinterm Zaun, und er ging wieder ins Bett und machte die Augen zu. Aber er konnte nicht mehr einschlafen. Wo war wohl Ferdinand? Ach, der hatte gewiß sein Versprechen vergessen. – Wie gut, daß es nun Winter wurde.

Als er einmal nach Hause kam, sagte die Großmutter: „Es war Besuch da für dich. Rate mal wer?" – „Ferdinand, der Maler?" – „Ja". – „Oh, warum hast du mich nicht geholt?"
„Er konnte nicht lange bleiben, aber er hat etwas für dich da gelassen. – „Wo ist es?" – „In deiner Stube."
Florian rannte. An der Wand hing ein großes Bild.
„Der alte Garten", stammelte er. Ja, es war der alte Garten, und auf dem Bild war er so schön wie im Traum.

Ferdinand

B

Bilderbücher

Jürgen Spohn

Der Spielbaum

Verdrehte Sachen zum Staunen und Lachen: Von 1 bis 2 ist viel Geschrei, jedoch nach 11 und 12 im Baum träumt jeder seinen Traum.

Erzählt von Christa Duchow
Gemalt von Lilo Fromm

Oberpotz und Hoppelhans

Könnt ihr euch vorstellen, daß ein kleiner Hase einen großen Riesen überlisten kann? Nein? Trotzdem ist es geschehen!

David McKee

Mark und das Einrad

Mark saust auf einem alten Einrad durch die Stadt – und da es keine Bremsen hat, wird die Geschichte ziemlich aufregend.

Erzählt von Janosch
Gemalt von Józef Wilkoń

Die Löwenkinder

Brimmel, Brummel und Löwenzahn gefiel es nicht mehr im Löwenkäfig, denn nie geschah etwas. Wirklich nie?

Thomas und Wanda Zacharias

Und wo ist der grüne Papagei?

Ist der grüne Papagei wirklich nicht mehr da? Verschwunden? Versteckt? Und wo ist die schwarze Katze und die weiße Maus?

Stefan Lemke und Marie-Luise Pricken

leben mit ihren beiden Töc... Sie illustrieren Bücher für ... außerdem entstehen Fernseh... Gebrauchsgrafik. Viele dieser Arbeiten wurden prämiert und auf Ausstellungen in vielen Ländern gezeigt. Im Otto Maier Verlag Ravensburg erscheinen die Pappbilderbücher:
Tut, tut, wir fahren · Welche Tiere siehst du hier? Ich wünscht, ich wär · Willi Waschbär tut das auch Ohne Tiere geht es nicht · Welche Sachen brauchen wir ·
Das Sachbilderbuch: Tiere, Clowns und Akrobaten

Ravensburger Spiel- und Spaßbücher

Über 60 vielversprechende Titel aus den Reihen: Bilderbücher · didacta®-Bücher · Spiel und Spaß · Spielen und Gestalten. Da fällt die Wahl schwer!

Die Reihe Bilderbücher bringt preiswerte Ausgaben schönster Bilderbücher, ausgewählt aus dem Programm deutscher und ausländischer Verlage oder eigens für diese Reihe gemalt. Hier hat die Fantasie ihren Raum - Märchenhaftes und Lustiges, Übertriebenes und Verdrehtes, Abenteuer und Geborgenheit, Sinn und Unsinn.

ab 5 Jahren

Printed in Italy 1972

ISBN 3 473 37241 2

Otto Maier Verlag Ravensburg